DAPHNIS, ET CHLOÉ, PASTORALE,

REPRÉSENTÉE
POUR LA PREMIERE FOIS
PAR L'ACADÉMIE ROYALE
DE MUSIQUE,
Le Jeudi 28 Septembre 1747.
Et remise au Théâtre le Jeudi 4 Mai 1752.

PRIX XXX. SOLS.

AUX DÉPENS DE L'ACADÉMIE.

A PARIS, Chez la V. DELORMEL & FILS, Imprimeur de ladite Académie, rue du Foin, à l'Image Ste. Geneviéve.

On trouvera des Livres de Paroles à la Salle de l'Opéra.

M. DCC. LII.
AVEC APPROBATION ET PRIVILEGE DU ROY.

Les Paroles sont de M. LAUJON, *Secrétaire des Commandemens de S. A. S. Monseigneur le Comte de Clermont.*

La Musique de M. BOISMORTIER.

ACTEURS CHANTANS

Dans les Chœurs.

CÔTE' DU ROI.		CÔTE' DE LA REINE.	
Meſdemoiſelles.	*Meſſieurs.*	*Meſdemoiſelles.*	*Meſſieurs.*
Dun.	Lefebvre.	Rollet.	S. Martin.
Tulou.	Le Page, C.	Daliere.	Gratin.
Delorge.	Dun, fils.	Maſſon.	Le Meſle.
Larcher.	Gélin.	Chefdevile.	Chaboud.
Cazeau.	Fel.	Gondré.	Levaſſeur.
LeTourneur.	Rochette.	Hery.	Chapotin.
La Croix.	Le Roy.	Duval. 1re.	Favier.
Sallaville.	Selle.	Adelaïde.	Feret.
Duval. 2e.	Roze.	Lachanterie	Du Perrier.
	Robin.		Lombard.
	Marotte.		Laurent.

ACTEURS DU PROLOGUE, ET DE LA PASTORALE.

DRYAS, *Ancien Pastre au Service de* SAPHIR, *& cru pere de* CHLOÉ.	Mr. Cuvillier.
L'AMOUR.	Mlle. Cazeau.
UN PLAISIR.	Mr. Poirier.
UNE GRACE.	Mlle. Gondré.
AMOURS, ZEPHIRS, PLAISIRS, ET JEUX.	
SAPHIR, *Seigneur Grec.*	Mr. De Chassé.
AGENOR, *Seigneur Grec, ami de* SAPHIR,	Mr. Person.
DAPHNIS, *Berger.*	Mr. Jeliote.
NIMPHES DES FORESTS.	
LA PRINCIPALE NIMPHE.	Mlle. Jacquet.
CHLOÉ, *Bergere, crue fille de* DRYAS.	Mlle. Fel.
BERGERS, BERGERES & MATELOTS.	
UNE MATELOTE.	Mlle. Duval.
SACRIFICATEURS de PAN.	
PAN, *Dieu des Forêts.*	Mr. Gélin.
FAUNES & DRIADES.	
PASTRES, au service de SAPHIR.	

PERSONNAGES DANSANS.

PROLOGUE.

AMOURS.

Mrs. Haran, Dangerville, Lefebvre, Julien.
Mlle. Raymond.

ZÉPHIRS.

Mr. BEATTE.

Mrs. Laurent, Bourgeois, Desplaces, c. Galigny.

PLAISIRS.

Mlle. VESTRIS.

Mrs. Caiez, Gobert, Feuillade, Lelievre,
Mlles. Ponchon, Courar, Villeneuve, Parquet.

ACTE PREMIER.

NIMPHES.

Mlle. LANY.

Mlles. Courcelles, St Germain, Thierry, Desiré,
Bellenot, Couppé, Marquise, Ponchon.

ACTE SECOND.

MATELOTS.

Mr. LANY, Mlle. LANY.

Mr. LYONNOIS.

Mrs. Beatte, Caligny, Lelievre.

Mlles. Couppé, Marquise, Victoire.

BERGERS ET BERGERES.

Mlle. PUVIGNÉ'E.

Mr. TESSIER.

Mrs. Hamoche, Caiez, Gobert, Feuillade.

Mlles. Sauvage, Desirée, Puvignée, m. Villeneuve.

ACTE TROISIÉME.

PASTRES, *Esclaves de* SAPHIR.

Mlle. RAY.

Mrs. Beatte, Laurent.

Mlles. Dazenoncourt, Courcelles.

Mrs. Galigny, Bourgeois.

Mlles. Marquise, Couppé.

FAUNES ET DRYADES.

Mr. DUPRÉ.

Mr. LAVAL. Mlle. LABATTE.

Mr. VESTRIS.

Mrs. Saunier, Hyacinte, Dupré, Desplaces, l.

Mlles. Desiré, Bellenot, Ponchon, Briseval.

PROLOGUE.

Le Theâtre représente un Verger orné de buissons de fleurs.

DRYAS.

SÉJOUR chéri de Pomone & de Flore,
Chaque moment vous donne un éclat plus flatteur;
Le fruit de mes travaux que vous faites éclore,
M'offre les seuls plaisirs que peut goûter mon cœur.
Ces fleurs que je vois naître au bord d'une onde pure.
Me rappellent encor ces jours délicieux
Où l'aimable objet de mes feux,
Chaque jours de mes mains recevoit sa parure.
Et ces ruisseaux, par leur murmure,
Me semblent regretter des tems si précieux.
Séjour chéri de Pomone & de Flore, *&c.*

l'Amour sort d'un des buissons de fleurs.

Que vois-je? Quel Enfant! Que fais-tu téméraire?

SCENE II.

L'AMOUR, *ſuite de l'Amour.* DRYAS.

L'AMOUR.

ENfant badin, je cherche le plaiſir,
Je le ſuis d'une aîle légere.
Si je viens en ces lieux, c'eſt qu'ils ont ſçu me plaire,
J'aime les fleurs, & je vais en cüeillir.

DRYAS.

Redoute mon courroux.

L'AMOUR.

Non tu me feras grace.

DRYAS.

Je ſçaurai t'arrêter.

L'AMOUR.

Je brave la menace.
L'obſtacle loin de me troubler,
Ne fait qu'irriter mon audace.

DRYAS.

Fui.

L'AMOUR riant.

Non.

DRYAS.

Fui.

L'AMOUR.

Va Dryas, on eſt quand on me chaſſe,
Trop heureux de me rappeller.

DRYAS.

à part. DRYAS.

Il me brave, & ne peut exciter ma colere !

à l'Amour.

Crains tout....

L'AMOUR.

Je ne crains rien.

DRYAS.

à part. Arrête téméraire.....

Non je ne sçaurois me venger.

Plusieurs Amours entrent dans le Verger.

Que vois-je il n'est pas seul ! Ils vont tout ravager !

Aux Amours qui ravagent les buissons de fleurs.

Fuyez loin de ces lieux.

CHŒUR d'AMOURS.

Les Fleurs y sont trop belles.

Fuyez... DRYAS.

CHŒUR d'AMOURS.

Peut-on quitter ces Vergers enchanteurs !
Pour y voler de fleurs en fleurs,
Le Plaisir nous donne des aîles.

DRYAS.

Je ne suis point maître de ce Verger,
Chers enfans; des larcins que vous venez d'y faire,
Le Maître que je sers, sur moi peut se venger :
Mais dût-il mille fois paroître plus sevère !
Je ne puis user de rigueur
Pour vous deffendre un bien qui peut vous satisfaire;

Le plaiſir de vous voir eſt trop cher à mon cœur ;
Cüeillez dans ces jardins tout ce qui peut vous plaire.

L' A M O U R.

Je ne viens point ici faire verſer des pleurs.
Depuis long-tems j'habite ce Bocage,
Je ſuis Dieu des Amans ; ſouvent dans ton bel âge
Je te comblai de mes faveurs.
J'attirois en ces lieux l'objet qui ſçut te plaire,
Je t'indiquois la fleur qui lui plaiſoit le mieux ;
Et ſi j'étois inviſible à tes yeux,
C'eſt que j'étois caché dans ceux de ta Bergere.

Chloé m'amène aujourd'hui dans ces lieux,
Dans ſes amours je la conduis ſans ceſſe ;
» Laiſſe le ciel lui choiſir un époux.
» Un Dieu que ſa flâme intéreſſe,
» Eclaircira ſon ſort en ſervant ſa tendreſſe ;
» Il lui réſerve enfin, le deſtin le plus doux.

Volez Zéphirs dans ces bocages,
Volez Plaiſirs, venez les décorer :
L'Amour y cauſa des ravages,
Volez, volez, venez les réparer.
Tous les Buiſſons que toucheront vos aîles,
Vont ſe parer des plus brillantes fleurs ;
Que dans ces lieux mille beautés nouvelles
Annoncent que l'Amour y répand ſes faveurs.

Volez Zéphirs, dans ces bocages, *&c.*

SCENE III.

LES ZEPHIRS, LES PLAISIRS,
& les Acteurs de la Scene précédente.

Les Zéphirs, les Amours & les Plaisirs, voltigent autour des buissons, & y font renaître les fleurs.

CHŒUR.

VOlons, volons dans ces bocages,
Accourons à la voix du plus charmant des Dieux,
Il vient de ravager ces lieux,
Allons réparer ces ravages. *On danse.*

UN PLAISIR.

Que de plaisirs l'Amour prépare!
Tout se pare
De ses faveurs;
Par mille biens ce Dieu répare
Les maux qu'il cause aux tendres cœurs.

Les buissons que couvre cet ombrage,
Ces fruits & ces fleurs, sont son ouvrage;
Doux présage!
Doux avantage!
Les fleurs dans nos champs
Sont la parure des Amans.

Que de plaisirs l'Amour prépare! *&c.*

Sur ces ormeaux
Volez oiſeaux ;
Goûtez les fruits de ce bocage :
Quel heureux partage !
Pour vous quel ſéjour !
Vous vivrez des fruits que produit l'Amour.

Que de plaiſirs l'Amour prépare ! *&c.*

On danſe.

UNE GRACE.

L'Amour regne ſous ces ombrages,
Nous n'éprouvons que ſes douceurs,
Nous le fixons ſous ces feuillages
Par la conſtance de nos cœurs.

Ce Dieu n'auroit point de rigueurs,
S'il n'étoit point d'Amans volages.

L'Amour regne ſous ces ombrages, *&c.*

On danſe.

CHŒUR.

Viens Amour, regne en ce bocage,
Tu ſçais y calmer les ſoupirs ;
De l'effet de tes traits tu nous offres l'image ;
» Pour quelques maux, mille plaiſirs.

FIN DU PROLOGUE.

ACTE PREMIER.

Le Theâtre représente une Forêt, au fond de laquelle on voit des Grottes consacrées aux NYMPHES PROTECTRICES DES BERGERS.

SCENE PREMIERE.

SAPHIR, AGENOR.

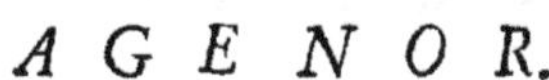

AGENOR.

La nature en ces lieux prodigue tous ses charmes ;
Des présens de Bacchus ces coteaux sont couverts ;
Tes Esclaves soumis semblent chérir leurs fers ;
Tout répond à tes vœux : qui cause tes allarmes ?
De la mort de ton fils est-ce le souvenir ?

SAPHIR.

Les Dieux se sont vengés, ils ont dû me punir.

AGÊNOR.

Ne me déguiſe point le ſujet de tes larmes.

SAPHIR.

Tu le veux, écoute, & frémis.
Rappelle-toi ces inſtans, où ton fils
Fut enlevé dès ſa plus tendre enfance
Par des Corſaires ennemis;
J'eus une fille hélas! Je cachai ſa naiſſance;
Pour laiſſer à mon fils & mes biens, & mon rang,
Je lui ſacrifiai juſqu'à mon propre ſang;
On expoſa ſa ſœur ſur le rivage:
Deſtinée au malheur avant de voir le jour
Ma fille n'eut que ma haîne en partage;
Un Pere enfin ſignala par la rage,
Les premiers mouvemens que l'on doit à l'amour.

AGENOR.

Oh Dieux!

SAPHIR.

L'image affreuſe de mon crime
En tous lieux m'afflige & me ſuit.
Agenor, cette même nuit,
J'ai cru revoir ma fille; innocente victime,
Elle me reprochoit mes forfaits odieux:
» Que cherches-tu, diſoit-elle, en ces lieux,
» Pere dénaturé? Ta fille y vit tranquile;
» Viens-tu pour la troubler juſques dans cet azile?

AGENOR.

Un ſonge ne doit point exciter nos ſoupirs ;
S'il eſt contraire à nos deſirs
Il faut s'en faire un badinage ;
Mais s'il nous peint de vrais plaiſirs,
Laiſſons-nous charmer par l'image.

SAPHIR.

Tout me préſage encor quelques nouveaux malheurs.
Pour me rendre le Ciel propice
Viens, préparons à Pan un pompeux ſacrifice ;
Puiſſe-t'il calmer mes terreurs !

ils ſortent.

SCENE II.

DAPHNIS, DRYAS.

DAPHNIS ſeul.

Troupeaux chéris, paiſſez ſur la fougere,
Voulez-vous encor m'affliger !
Ils ſont en danger,
Pour eux la vie encor m'eſt chere ;
Ils mourront ſans Berger,
Comme je mourrai ſans Bergere.

Troupeaux chéris, paiſſez ſur la fougere
Voulez-vous encor m'affliger !

à Dryas.

Nos Bergeres ſans crainte erroient dans la prairie
Quand un Corſaire eſt venu les ravir ;
Nos Bergers diſperſés n'ont pû les ſecourir.

DRYAS ET DAPHNIS.

Chloé vous nous êtes ravie !

DRYAS.

Je l'ai perduë hélas ! Sans eſpoir de retour !

DAPHNIS.

Vous me la refuſiez, le ciel vous en ſépare :
Il vous punit, Pere barbare,
Des maux dont vos refus affligeoient notre amour.

DRYAS.

Pour cauſer tes tourmens il falloit me contraindre,
Il ne m'eſt pas permis de faire ton bonheur ;
Et ſi le ciel rendoit ta Bergere à ton cœur,
Je ne pourrois encor, cher Daphnis, que te plaindre.

Dryas ſort.

SCENE

SCENE III.

DAPHNIS, *seul.*

Beaux lieux où j'ai goûté les plaisirs les plus doux,
Ne soyez point surpris de voir couler mes larmes:
Vous avez perdu tous vos charmes,
En perdant la beauté qui les rassembloit tous.

Vous qui dans ces bocages
Ne réserviez vos ramages
Que pour chanter nos plaisirs.
Tendres oiseaux, fuyez de ces rivages,
Avec l'objet de mes desirs:
Et vous Forêt dont les ombrages
Déroboient aux jaloux nos plus tendres soupirs,
Dépoüillez-vous de vos feuillages.

Beaux lieux où j'ai goûté les plaisirs les plus doux,
Ne soyez point surpris de voir couler mes larmes;
Vous avez perdu tous vos charmes,
En perdant la beauté qui les rassembloit tous.

Se retournant vers les Grottes.

Nimphes de ces forêts, c'est vous que l'on offense;
Vous la perdez cette Beauté
Qui vous servoit avec fidélité:
Vengez-nous, signalez toute votre puissance;

Le titre le plus doux de la Divinité,
C'eſt de ſoumettre un cœur à la reconnoiſſance,
En faiſant ſa félicité.

On entend une ſimphonie miſterieuſe.

Dans cet antre ſacré quel bruit ſe fait entendre ?
D'où naiſſent les concerts qui viennent me ſurprendre.

SCENE IV.

Les Grottes s'ouvrent : On y voit les ſtatües des NYMPHES, *s'animer & s'avancer en danſant.*

CŒUR DE NIMPHES.

à DAPHNIS.

CEſſe de répandre des pleurs.

LA PRINCIPALE NIMPHE.

Calme jeune mortel la douleur qui t'accable,
A ton amour le Ciel eſt favorable ;
Qui ſert les Dieux, mérite leurs faveurs.

CHŒUR.

Ceſſe de répandre des pleurs.

On danſe.

LA NIMPHE alternativement avec le CHŒUR.

Du bonheur la douce habitude
Mortels, seroit pour vous un présent dangereux;
Si les Dieux ne mêloient vos jours d'inquiétude,
Peut-être oubliriez-vous que vous les tenez d'eux.

On danse.

LA PRINCIPALE NIMPHE.

» Le Ciel est propice à tes vœux.
» Sur les bords d'une Isle étrangere,
» Chaque Berger reverra sa Bergere.
» Embarque-toi. L'Amour qui veut te rendre heu-
» reux,
» Fixera ta barque legere,
» Sur la rive où Chloé doit s'offrir à tes yeux.

SCENE V.

DAPHNIS, CHŒUR DE BERGERS.

DAPHNIS.

Bergers accourez tous, c'est le Ciel qui m'inspire:
Courons, volons, embarquons-nous.

CHŒUR.

Les Nimphes.
Les Bergers. } C'eſt le Ciel qui nous inſpire,

DAPHNIS.

Il prendra ſoin de nous conduire,
Eſt-il un eſpoir plus doux !
Courons, volons, embarquons-nous.

CHŒUR.

Les Nimphes. { Courez, volez, embarquez-vous,
Les Bergers. { Courons, volons, embarquons-nous.

FIN DU PREMIER ACTE.

ACTE SECOND.

Le Theâtre représente une Isle.

SCENE PREMIERE.

CHLOÉ.

RENAISSEZ dans mon cœur,
Espoir flatteur
De revoir ce que j'aime,
Renaissez dans mon cœur,
Pour faire mon bonheur.

Mon absence a plongé dans une peine extrême
Le Berger dont j'ai fait choix ;
Daphnis ne me voit plus, il n'entend plus ma voix !
Qu'il doit souffrir, je le sens par moi-même.

Renaiſſez dans mon cœur,
Eſpoir flatteur
De revoir ce que j'aime,
Renaiſſez dans mon cœur,
Pour faire mon bonheur.

Echapée aux rigueurs d'un funeſte eſclavage,
Le ſort conduit mes pas ſur ce charmant rivage.
Ah ! Que de mes malheurs le triſte ſouvenir,
Préſente à mon eſprit une flatteuſe image
Dans les charmes de l'avenir !

Daphnis ! . . . En me voyant que va-t'il devenir !
Sans lui puis-je vivre tranquile !
Quittons à l'inſtant cet azile...
Mais quel pouvoir ſecret ſemble m'y retenir !
Et par quel nouveau charme encore,
Le ſommeil ſur mes yeux verſe-t'il ſes pavots !
Cédons aux douceurs du repos,
Si l'on peut en goûter loin de ce qu'on adore.

Chloé s'endort ſur un lit de gazon.

SCENE II.

CHLOÉ *endormie*, DAPHNIS *ſur une barque au milieu de la Mer.*

DAPHNIS.

AH ! Que ces flots s'ägitent foiblement !
Il ſemble que la mer retienne ſa furie
Pour laiſſer les Zéphirs ſeconder un amant ;
Mais qu'ils ſoufflent légerement,
Et que j'avance peu vers la rive chérie !
Dieux ! Pour hâter mon bonheur d'un moment,
Que ne puis-je donner la moitié de ma vie !
Ah ! Que ces flots s'agitent foiblement !
Mais ma barque s'arrête! Eſt-ce où l'Amour m'apelle!
Reverrois-je Chloé ! Serois-je aſſez heureux !
Deſcendons, & cherchons cet objet en ces lieux.

Il deſcend ſur la rive.

Que vois-je ? Une Bergere y repoſe ! Ah ! c'eſt-elle!
J'en crois plus mon cœur que mes yeux.
Elle ſommeille hélas ! La beauté que j'adore.
Impatiens déſirs ceſſez de m'agiter ;
Les plaiſirs que je dois goûter
Euſſent-ils pour mon cœur plus de charmes encore,
Au prix de ſon repos dois-je les acheter?

A ſon réveil, quelle ſurpriſe extrême !
Je verrai ſes beaux yeux m'exprimer ſon ardeur;
Sa bouche au même inſtant me dira qu'elle m'aime
Et tous deux à la fois enchanteront mon cœur.
Hélas ! L'attente du bonheur
Flatte autant que le bonheur même.

Petits oiſeaux, qui ſur ces bords
Chantez l'amour qui vous raſſemble,
Taiſez vous, ſuſpendez un moment vos tranſports
Les plaiſirs feront nos accords,
Nous les célébrerons emſemble.

CHLOÉ en rèvant.

Hélas !

DAPHNIS à part.

Quelque objet ſéducteur,
Semble en rèvant occuper ma bergere.

CHLOÉ toûjours endormie.

Cher Amant.... cher Daphnis !

DAPHNIS à part.

C'eſt moi ! Songe flatteur

CHLOÉ toûjours endormie.

A vous aimer je mets tout mon bonheur.

DAPHNIS à CHLOÉ, endormie.

Et moi Chloé, tout le mien à vous plaire.
Si vous m'aimez, tous mes vœux ſont remplis.

Elle

Chloé se réveille à la voix de Daphnis.

Elle s'éveille hélas! L'Amant vouloit se taire,
Mais l'Amour ne l'a pas permis.

CHLOÉ.

Cher Daphnis... Ah! C'est vous, puis-je en douter encore!

DAPHNIS.

Reconnoissez l'Amant qui vous adore,
Aux plaisirs, aux transports, dont il est agité.

CHLOÉ.

C'est vous!... Tout m'anonçoit la fin de mes allarmes;
Un songe vous offroit à mon cœur enchanté.
Songe heureux!

DAPHNIS.

Ah! Chloé, connoissez tous ses charmes,
J'étois témoin de ma félicité.

CHLOÉ.

Vous m'entendiez? Que mon cœur est flatté!

DAPHNIS.

Que vous m'avez coûté de larmes!
L'Amour vous a laissé maîtresse de mes jours;
Chere Chloé, je meurs quand vous m'êtes ravie:

Mais quand je vous revois, quel bien pour nos amours!
Je reprens à la fois mes plaisirs, & la vie.
Eh! Quel Dieu vous rend à mes feux?

CHLOÉ.

C'est sans doute l'Amour; pour venger notre outrage
Il souleve les flots; la crainte du naufrage
Force nos ravisseurs à désarmer les Dieux;
Soudain dans une barque on met chaque Bergere;
Le Dieu qui conduisoit cette troupe legere
L'Amour, connoissoit mon transport;
Il m'a fait devancer mes compagnes au port.

ENSEMBLE.

Plus de peines,
Serrons nos chaînes,
Goûtons désormais
Des plaisirs parfaits;
Plus de peines,
Amour lance sur nous tes traits;
Serrons nos chaînes,
Mais ne les brisons jamais.

On entend une simphonie.

CHLOÉ.

Dieux! De quels sons retentit cet azile?

DAPHNIS.

Ah! Ce sont nos Bergers réunis en cette Isle.

SCENE III.

DAPHNIS, CHLOÉ, BERGERS, BERGERES, ET MATELOTS.

Les Bergers, les Bergeres, & les Matelots, débarquent dans l'Isle.

CHŒUR.

RAssemblons-nous sur ces bords fortunés,
Et volons aux plaisirs qui nous sont destinés.

DAPHNIS, aux Bergers.

Heureux Amans hâtez-vous de descendre,
Partagez le bonheur qu'Amour nous donne au Port;
Qu'il regne dans vos cœurs, qu'il y soit aussi fort
Que dans nos yeux il paroît tendre.

CHŒUR.

Rassemblons-nous sur ces bords fortunés,
Et volons aux plaisirs qui nous sont destinés.

Danse de Bergers.

CHLOÉ.

Que l'absence
Coûte en aimant!

Mais quand on lit la conſtance,
Dans les yeux d'un tendre Amant,
Un inſtant de ſa préſence,
Fait oublier le tourment
Que l'abſence
Coûte en aimant. *On danſe.*

DAPHNIS.

Ah ! Que loin de ce qu'on aime
Un jour coule lentement !
Après cette peine extrême,
Que le retour eſt charmant !
C'eſt la félicité même,
Un jour nous ſemble un moment.

Danſe de Matelots.

Une MATELOTTE, alternativement avec le CHŒUR.

De l'Amour goûtons les faveurs,
Ce Dieu, de nos rivages
Bannit les pleurs ;
Il ne ſouffre en ces lieux flateurs,
De ravages,
Que dans les cœurs.

Sur la mer craignons peu les vents,
Pour nous elle eſt calme en tout tems ;
Quand le vent gronde,
C'eſt que ſur l'onde,
Il ne voit point voguer d'Amans.

De l'Amour goûtons les ſaveurs,
Ce Dieu, de nos rivages
Bannit les pleurs;
Il ne ſouffre en ces lieux flateurs,
De ravages,
Que dans les cœurs.

L'amour toûjours heureux languit;
Sans les peines il s'affoiblit.
Quelques allarmes,
Des ſoûpirs,
Prètent de nouveaux charmes
A nos plaiſirs.
De l'Amour goûtons les ſaveurs, &c.

On danſe.

DAPHNIS, aux Bergers & aux Bergeres.

Allons dans nos Hameaux, annoncer notre ſort,
Que pour vous ils auront de charmes!
Vos tourmens vont ceſſer, vous aſpirez au port,
Et nous allons peut-être y répandre des larmes.
à Chloé.

CHŒUR.

Vents orageux éloignez-vous
Fuyez, fuyez de ce rivage;
L'Amour s'eſt déclaré pour nous,
Nous ne craignons point de naufrage.

Vents orageux éloignez-vous,
Fuyez, fuyez de ce rivage,
Allez réſervez votre rage
Pour les jaloux
Dont le courroux
Pourroit troubler notre voyage.
Vents orageux, &c.

Ils ſe rembarquent.

FIN DU SECOND ACTE.

ACTE TROISIÉME.

Le Theâtre représente un Bois consacré à Pan. On voit sous un bosquet la Statue de ce Dieu, derriere un Autel rustique. Les arbres sont chargés de Guirlandes, d'instrumens champêtres & d'autres offrandes Pastorales.

SCENE PREMIERE.

DAPHNIS, *seul.*

'EN est donc fait, je ne dois plus m'attendre
A l'hymen qui devoit couronner mon ardeur!
Le pere de Chloé la refuse à mon cœur,
Quand le Ciel vient de me la rendre.

A la Statüe de Pan.

Deux Amans firent tout pour vous,
Dieu de ces lieux, que ferez vous pour nous ?

De notre musette champêtre
Je vous consacrois tous les sons ;
Vous étiez Dieu de nos chansons,
Lorsque l'Amour cessoit de l'être.

Deux Amans firent tout pour vous,
Dieu de ces lieux, que ferez vous pour nous ?

Regardant les offrandes Pastorales.

C'est pour vous offrir ces guirlandes
Que Chloé choisissoit des fleurs ;
Elle assortissoit les couleurs,
Nos deux cœurs faisoient les offrandes.

SCENE II.

SAPHIR, DAPHNIS,

CHŒUR DE PASTRES *au service de Saphir.*

DAPHNIS, à Saphir.

AH ! Seigneur, pardonnez aux transports d'un Amant,
Je suis désespéré ; ... c'est vous seul que j'implore....
On ravit à mes feux l'objet le plus charmant,

L'ornement

L'ornement de ces lieux;... c'eſt peu vous dire encore,
Vous connoiſſez Chloé.... c'eſt vous ſeul que j'implore.
Ah, Seigneur! Pardonnez aux tranſports d'un Amant,
Quand on eſt prêt de perdre un objet qu'on adore,
Peut-on ſe plaindre foiblement?

SAPHIR.

Le bonheur d'un Rival, cauſe-t'il ton tourment?

DAPHNIS.

Si je n'avois que des Rivaux à craindre
Mon ſort n'auroit rien de fâcheux;
Si je n'avois que des Rivaux à craindre
Mon amour me feroit bien-tôt triompher d'eux.

Hélas! On répond à mes feux,
Mais je n'en ſuis que plus à plaindre,
Un Pere s'oppoſe à mes vœux.

SAPHIR.

Quel ſecours peut calmer la douleur qui t'accable?

DAPHNIS.

Ordonnez à Dryas de m'être favorable,
De m'accorder enfin l'objet de mon ardeur.

SAPHIR.

Sois heureux, j'y consens.

DAPHNIS.

Quel succès! Ah Seigneur
J'en vais instruire ma Bergere.

à Dryas qui arrive.

Dryas, Saphir t'attend. Ah! Je vole au bonheur.

SCENE III.

SAPHIR, DRYAS.

DRYAS.

QU'exigez-vous, Seigneur, quel est donc ce mistere?
Daphnis paroît content, quand je lui suis contraire.

SAPHIR.

Eh pourquoi refuser ta fille à son amour?

DRYAS.

Je ne puis l'écouter.

SAPHIR.

Il faut le satisfaire,
Je le veux, obéis.

DRYAS.

Dieux! Puis-je encor me taire!

SAPHIR.

Explique toi.

DRYAS.

Chloé ne me doit point le jour.
Je la trouvai près de la rive,
Dans un berceau qui flottoit ſur les eaux ;
Attendri par ſa voix plaintive,
Ma main la retira des flots ;
Je la nommai Chloé, j'ignore ſa famille,
Mais près d'elle je pris ces ornemens.

SAPHIR examinant les ornemens.

Grands Dieux !
Que vois-je, en croirai je mes yeux ?
Je ne m'abuſe pas, le Ciel me rend ma fille.

DRYAS.

Sa fille !

SAPHIR, appercevant Chloé.

Je la vois ; en cet inſtant flatteur,
J'ai peine à retenir les tranſports de mon cœur.

SCENE IV.

SAPHIR, DAPHNIS, DRYAS, CHLOÉ, AGENOR, CHŒUR *de Pastres.*

CHŒUR DE PASTRES.

AH Chloé ! Pour vous quelle gloire !
Rien ne manque à votre bonheur.

CHLOÉ à Daphnis.

On va couronner notre ardeur
Je n'en puis plus douter ; ces chants me le font croire.

SAPHIR.

Cher Chloé, sortez de votre erreur,
Ma fille, trop long-tems c'est vous cacher un Pere.

CHLOÉ.

Dieux! Que me dites vous Seigneur ?
Dans Chloé vous voyez une simple Bergere,
Voulez-vous abuser de sa simplicité.

DRYAS.

Non, l'on ne trompe pas votre crédulité.

DAPHNIS à Dryas.

Pourquoi par cette imposture
Troubler le bonheur de ce jour.

CHLOÉ ET DAPHNIS, à Saphir.

Voulez vous à la fois allarmer la nature,
Et faire gémir l'amour.

SAPHIR à Daphnis.

Esclave éloigne-toi.

CHLOÉ.

Ciel! Que viens-je d'entendre?

On éloigne Daphnis.

DAPHNIS.

Adieu Chloé.

CHLOÉ.

Daphnis....

SCENE V.

SAPHIR, AGENOR, DRYAS, CHLOÉ, CHOEUR DE PASTRES.

SAPHIR, à Chloé.

O Seroit-il prétendre?

CHLOÉ.

Ah, je n'écoute rien, mon Berger....

SAPHIR.

Justes Dieux!
Ouvre les yeux, Chloé reconnois-moi.

CHLOÉ.

Mon maître,
Est-ce en m'ôtant ce que j'aime le mieux,
Que vous voulez forcer mon cœur à vous connoître ?
Non, rendez-moi Daphnis.

SAPHIR.

Ton rang & ma grandeur
M'empêchent de te satisfaire.

CHLOÉ.

Si le rang doit changer le cœur,
Mon obscurité m'est trop chere.
Hélas! Si vous êtes mon Pere,
Pourquoi vous refuser à faire mon bonheur ?
J'aime & j'aimois Daphnis quand j'étois sa Bergere;
Si le rang doit changer le cœur,
Mon obscurité m'est trop chere.
Faut-il pour vous fléchir embrasser vos genoux ?

SAPHIR.

Je sens encor pour toi les transports les plus doux.

CHLOÉ.

Eh ! Vous m'en refusez la preuve la plus sûre.
Vous me faites voir en ce jour,
Qu'on peut braver la voix de la nature :
Mais je sens qu'on ne peut résister à l'Amour.

SAPHIR.

Le tems à mes desirs vous rendra moins contraire.
Je vais du sacrifice ordonner les apprêts,
Les Dieux sont irrités, de leur juste colere
Prévenons, s'il se peut, les funestes effets.

SCENE VI.

CHLOÉ, DAPHNIS *qui arrive sur la fin du Monologue.*

CHLOÉ, seule.

ORnemens de ma bergerie,
Contre le sort des Rois voudrois-je vous changer?
Avec voüs chaque jour je voyois mon Berger,
Sans vous, sans mon Amant, que faire de la vie?
Ornemens de ma bergerie,
Contre le sort des Rois voudrois-je vous changer?

Appercevant Daphnis.

Que vois-je! Quel bonheur! Aurois-je dû l'attendre!
L'Amour enfin nous réunit,
Vous avez dû, sans doute, tout entendre,
Mais mon cœur n'avoit pas tout dit.

DAPHNIS.

Je ne dois plus m'occuper à vous plaire;
Non, nous ne devons plus songer

A cette ardeur qui nous étoit si chere ;
Tout est changé pour nous ; mais ma Bergere,
Comment ferons-nous pour changer ?
Ah ! Le sort vous éleve à la grandeur suprême,
Pour tout bien je n'ai que mon cœur.

CHLOÉ.

En faut-il davantage ? Eh ! Quel don plus flatteur ?
Si tu m'aimois comme je t'aime !....

DAPHNIS.

Quoi vous sacrifier jusqu'à mon bonheur même !
Ah Chloé n'est-ce point vous prouver mon ardeur ?

CHLOÉ.

Ne suis-je point assez à plaindre,
Faut-il donc que Daphnis vienne encor m'allarmer ?
Tu vas connoître, Ingrat, comme je sçais aimer ;
Si mes feux te sont chers ; ah ! Loin de les éteindre,
En présence des Dieux, viens viens les rallumer.

DAPHNIS.

Ciel ! Sois propice aux nœux que nous allons former.

TOUS DEUX devant la statuë de Pan.

A tes autels c'est l'Amour qui nous mene,
Que sa flâme à tes yeux nous tienne lieu d'encens,
Qu'elle brûle pour deux Amans.

A tes autels c'est l'Amour qui nous mene.

Dieu

Dieu qui sçûs calmer notre peine,
Viens triompher par nos fermens;
Voi-nous former une éternelle chaîne.
A tes autels c'est l'Amour qui nous mene.

SCENE VII.

DAPHNIS, CHLOÉ, SAPHIR, AGENOR, CHŒUR DE SACRIFICATEURS, CHŒUR DE PASTRES.

SAPHIR.

QUe vois-je ? Esclave audacieux !....
Fille dénaturée ! Objets de ma colere !....
Si je ne respectois ces lieux
J'eusse immolé deja ce couple téméraire.
Fuyez cruels, loin de mes yeux.

On entend une simphonie.

Mais, ce concert champêtre,
M'annonce que Pan va paroître,
Il vient briser des nœuds qui doivent l'outrager,
De vos cœurs criminels ce Dieu va me venger,
Redoutez son couroux, fuyez, fuyez.....

SCENE VIII.

ACTEURS PRÉCEDENS.

PAN & sa suite.

PAN à Saphir.

ARrête.
Connois le sort que le Ciel leur apprête ;
Ces Amans, des Dieux sont chéris :
Je viens couronner leur constance,

à Agenor.

Dans ce Berger, objet de vos mépris,
Agenor, reconnois ton Fils.

SAPHIR, AGENOR, CHLOÉ, DAPHNIS.

Qu'entens-je ?

PAN à Agenor.

De tes bras enlevé dès l'enfance,
Son ravisseur le remit en ces lieux,
Dans les mains d'un Berger qui lui servit de Pere ;
Il cachoit sa naissance & réservoit aux Dieux,
Le soin d'en faire un jour éclatter le mistere.

SAPHIR, AGENOR, CHLOÉ, DAPHNIS.

Que vos bienfaits pour nous ſont précieux.

PAN.

Célebrez leur Hymen par vos chants & vos jeux.

SCENE IX.

FAUNES, DRYADES, PASTRES,
Et les Acteurs de la Scene précédente.

SAPHIR alternativement avec le CHŒUR.

C'Eſt dans ces bois
Que l'on ſoupire;
L'Amour, le Zephire,
Soufflent l'air qu'on y reſpire;
C'eſt dans ces bois
Que l'on ſoûpire;
Tout n'aſpire
Qu'à faire un choix,

Tout eſt ſincere,
L'Amant ſans Myſtere;
Sans art,
Sans fard,

La timide Bergere,
Se plaît à lui plaire,
Jamais n'eſt legere;
Jamais le bonheur
N'affoiblit leur ardeur.

C'eſt dans ces bois, &c.

Point de rigueur,
Point de cœur
Trop ſévere;

Heureux
Dans ces lieux,

L'Amant ſçait ſe taire.
Le plaiſir diſpenſe
Ses biens en ſilence
Le bruit
L'offenſe,
Il vole & s'enfuit.

C'eſt dans ces bois, &c.

On danſe.

CHLOÉ.

Vole Amour lance tes traits,
Triomphe de nos ames,
Les inſtans où tu nous enflammes

Font nos plaiſirs les plus parfaits.

Regne dans nos Fêtes.
Que nos cœurs à jamais
Y ſoient l'objet de tes conquêtes.

Vole Amour lance tes traits,
Triomphe de nos ames,
Les inſtans où tu nous enflammes
Font nos plaiſirs les plus parfaits.

On danſe.

CHŒUR DE FAUNES & DE SILVAINS.

Chantons à jamais leur mémoire,
Que leur nom vole juſqu'aux Cieux;
Des Dieux ils ont chanté la gloire,
Ils ſont favoriſés des Dieux.

FIN DU TROISIÉME ET DERNIER ACTE.

APPROBATION.

J'Ai lû par ordre de Monseigneur le Chancelier, *une Réimpression du Ballet de Daphnis & Chloé, Pastorale.* A Versailles, ce 16 Avril 1752.

DEMONCRIF.

PRIVILEGE DU ROY.

LOUIS par la grace de Dieu, Roy de France & de Navarre : A nos amés & feaux Conseillers, les Gens tenans nos Cours de Parlemens, Maîtres des Requêtes ordinaires de nôtre Hôtel, Grand'Conseil, Prevôt de Paris, Baillifs, Sénéchaux, leurs Lieutenans Civils, & autres nos Justiciers qu'il appartiendra, Salut. Nôtre très cher & bien amé le Sieur LOUIS-ARMAND EUGENE DE THURET, cy-devant Capitaine au Regiment de Picardie, Nous a fait représenter que, par Arrest de nôtre Conseil du 30 May 1733. Nous avons revoqué le Privilege qui avoit été accordé au Sieur le Comte & ses Associez, pour raison de l'Academie Royale de Musique, ses circonstances & dépendances, & rétabli ledit Privilege en faveur dudit Sieur Exposant, pour en joüir par lui, ses Associez, Cessionnaires & ayans-cause, aux charges & conditions portées par ledit Arrest, pendant le temps & espace de vingt-neuf années, à compter du premier Avril de ladite année 1733 & que pour l'exploitation dudit Privilege, ledit Sieur Exposant se trouve obligé de faire imprimer & graver les Paroles & la Musique des Opera qui doivent être représentés; mais que pour cet effet il a besoin de notre Permission & des Lettres qu'il Nous a très-humblement fait supplier de lui accorder. A CES CAUSES, voulant favorablement traiter ledit Exposant : Nous lui avons permis & permettons par ces Presentes, de faire imprimer & graver *les Paroles & Musique des Opera, Ballets & Fetes qui ont été ou qui seront representés par l'Academie Royale de Musique, tant séparément que conjointement*, en tels Volumes forme, marge, caractere, & autant de fois que bon lui semblera, & de les faire vendre & debiter partout notre Royaume; pendant le temps de vingt-neuf années consecutives à compter du jour de la datte desdites Présentes. Faisons défenses à toutes personnes de quelque qualité & condition qu'elles soient d'en introduire d'Impression ou Gravures Etrangere dans aucun lieu de notre obéïssance : Comme aussi à tous Imprimeurs, Libraires, Graveurs, Imprimeurs Marchands en Taille-Douce, & autres de graver, ni faire graver d'imprimer, ou faire imprimer, vendre, faire vendre, débiter ni contrefaire lesdites Impressions, Planches & Figures de Paroles, de Musique des Opera, Ballets & Fêtes, qui ont été ou qui seront representez par ladite Academie Royale de Musique, tant séparément que conjointement en tout ni en partie, sans la permission expresse & par écrit dudit Sieur Exposant, ou de ceux qui auront droit de lui; à peine de confiscation tant des Planches & figures que des Exemplaires contrefaits, & des Ustanciles qui auront servi à ladite contrefaçon, que Nous entendons être saisis en quelque lieu qu'ils soient trouvez, de dix mille livres d'amende contre chacun des Contrevenans, dont un tiers à Nous, un tiers à l'Hôtel-Dieu de Paris, l'autre tiers audit Sieur Exposant, & de tous dépens, dommages & interests, à la charge que ces Présentes seront enregistrées tout au long sur le Registre de la Communauté des Libraires & Imprimeurs de Paris, dans trois mois de la datte d'icelles; que la Gravure & Impression desdites Paroles & Opera sera faite dans notre Royaume & non ailleurs, en bon papier & beaux caracteres, conformément aux Reglemens de la Librairie, & notamment à celui du dix Avril 1725. & qu'avant de l'exposer en vente, les Manuſcrits gravés ou imprimé ſeront remis dans le même état où l'Approbation y aura été donnée ès mains de notre très-cher & feal Chevalier Garde des Sceaux de France, le Sr Chauvelin; qu'il en ſera remis deux Exemplaires de chacun dans notre Bibliotheque publique, un dans celle de notre Château du Louvre, & un dans celle de notre très-cher & feal Chevalier Garde des Sceaux de France le Sr Chauvelin. Le tout à peine de nullité des Préſentes; Du contenu deſquelles Vous mandons & enjoignons de faire jouir ledit Sieur Expoſant, ou ſes Ayants-cauſe, pleinement & paiſiblement ſans ſouffrir qu'il leur ſoit fait aucun trouble ou empêchement. Voulons que la Copie deſdites Préſentes, qui ſera imprimée tout au long au commencement ou à la fin dudit Ouvrage, ſoit tenue pour dûement ſignifiée; & qu'aux Copies collationnées par l'un de nos amés & feaux Conſeillers & Secretaires, foy ſoit ajoûtée comme à l'Original. Commandons au premier notre Huiſſier ou Sergent, de faire pour l'exécution d'icelles tous Actes requis & neceſſaires, ſans demander autre permiſſion, & nonobſtant Clameur de Haro, Chartre Normande & Lettres à ce contraires. CAR tel eſt nôtre plaiſir. DONNE' à Fontainebleau, le douziéme jour du mois de Novembre, l'An de Grace mil ſept cent trente-quatre, & de notre Regne le vingtiéme : *Et plus bas*, Par le Roy en ſon Conſeil. *Signé* SAINSON, avec paraphe.

Regiſtré ſur le Regiſtre VIII. de la Chambre Royale des Libraires & Imprimeurs de Paris, N. 797. fol. 779. conformément aux anciens Réglemens, confirmés par celui du 28 Février 1723. A Paris le 23 Novembre 1734.

G. MARTIN, *Syndic.*

De l'Imprimerie de la Veuve de DELORMEL, Imprimeur de l'Académie Royale de Muſique, rue du Foin, à Sainte Geneviéve & à la Colombe Royale.

www.ingramcontent.com/pod-product-compliance
Ingram Content Group UK Ltd.
Pitfield, Milton Keynes, MK11 3LW, UK
UKHW021951260726
13994UKWH00004B/1675